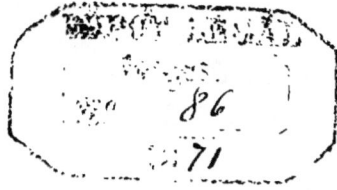

LE
SIÉGE DE BELFORT

Ih 65g

M{le Colonel Denfert.

Lith V Robin - Belfort

LE

SIÉGE DE BELFORT

ILLUSTRÉ

CONTENANT LE PORTRAIT DU COMMANDANT SUPÉRIEUR
ET UNE VUE DE LA PLACE

PAR UN ASSIÉGÉ

Prix : 1 franc

EPINAL

TYPOGRAPHIE BUSY FRÈRES

1871

—

Reproduction interdite

PERSONNAGES

MM. DENFERT, colonel, commandant supérieur de la place.

GROSJEAN, Préfet du Haut-Rhin.

SPIRE, Sous-Intendant militaire.

Général BOUM, de l'état-major.

MENY, maire de Belfort.

THIERS, capitaine du génie.

FAVRET, journaliste, rédacteur du *Siége de Belfort*.

X***, Y*** et Z***, habitants de Belfort.

Des gardes nationaux et gardes mobiles.

Un surveillant de nuit. ⎫
Plusieurs guetteurs et ⎬ Fonctions consistant à veiller
Pompiers. ⎭ gratuitement sur la ville pendant le bombardement.

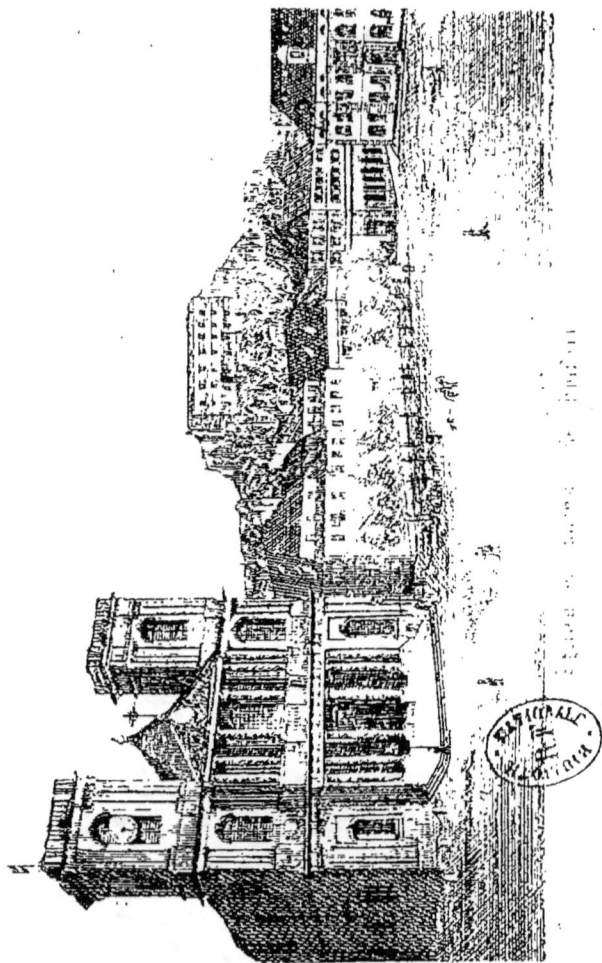

LE SIÉGE DE BELFORT

TABLEAU PREMIER

MM. DENFERT, SPIRE, Général BOUM, THIERS.

(La scène se passe dans une casemate bien chauffée, dont le sol est couvert de tapis. M. Spire est étendu dans un énorme fauteuil, devant une table sur laquelle sont placés des verres à pied et des bouteilles cachetées et décachetées. M. Denfert paraît plongé dans de profondes réflexions. La tête cachée dans ses deux mains, il écoute la parole *éloquente* de M. Thiers, qui parle sans interruption. Le général Boum est attentif.)

M. DENFERT.

Je suis dans un très-grand embarras. Ce que vous me demandez, M. Thiers, est très-grave et je ne sais si je dois me résoudre à prendre une mesure aussi terrible à l'égard de l'officier en question....

M. THIERS (interrompant M. Denfert).

Il n'y a pas un instant à hésiter ! Comment ! j'ordonne au capitaine X... de déloger le poste prussien du côté de Bavilliers, il refuse de marcher sous le prétexte futile que l'ennemi est dix fois plus nom-

breux, et que lui et ses quarante hommes seraient
tous tués ! Mais c'est infâme ! Je ne sache rien de
plus honteux qu'une semblable lâcheté ! Ombre de
Napoléon-le-Grand, voile l'ombre de ta face altière,
ton neveu le *Sedantaire* a fait des disciples !... Le
général Uhrich, lui-même, n'a pas donné l'exemple d'une pareille couardise. Ah ! je regrette de
ne pas avoir brûlé la cervelle à cet officier indigne
et à ses soldats ! Que ne me suis-je donné à moi-
même l'ordre de marcher à l'ennemi ! Avec quel
bonheur j'aurais accepté cette tâche glorieuse !
Mais un vrai soldat, un sincère républicain ne
pense jamais à lui personnellement : je suis de ce
calibre. (*L'orateur rejette sa tête en arrière et semble
écouter l'écho de sa voix.*)

M. DENFERT.

Je connais votre désintéressement héroïque, et
ce que vous venez de me dire avec une éloquence
quasi-athénienne ne m'étonne nullement. Mais,
pour en revenir à votre proposition, ne soyez pas
étonné de me trouver hésitant. Je n'ai encore pas
oublié l'affaire des mobiles de la Haute-Saône,
dont le 2e bataillon a été licencié sur la foi d'un
rapport émanant de vous. Cette affaire m'a attiré
des désagréments. Il y a eu des injustices commises
que j'aurais volontiers réparées, si j'avais pour
habitude de revenir sur mes décisions. Cependant
il est toujours fâcheux de commettre gratuitement
des injustices. (M. Denfert se lève.) Si je sortais avec
vous pour me rendre compte sur place de ce qui
s'est passé...

LE GÉNÉRAL BOUM (se plaçant devant M. Denfert).

Mon golonel, che fous en brie, ne sordez pas !
Il y a tu tanger à circuler tans les rues maintenant.

N'exbosez bas votre brécieuse exisdence aux hasards funesdes d'un opus.

M. DENFERT (avec tristesse).

Boum est vraiment trop bon pour moi. Cependant je ne sais si je dois suivre son conseil conservateur. Cela fait mauvais effet au dehors lorsqu'on dit que le commandant supérieur ne s'est jamais montré.

M. THIERS.

Le général Uhrich se s'est jamais montré non plus dans les rues de Strasbourg pendant le bombardement, cela ne l'a pas empêché...

M. DENFERT (interrompant M. Thiers)

D'être éreinté par vous dans le *Salut public* de Lyon. Je crains un sort semblable, non pas de votre part, M. Thiers, je connais suffisamment votre dévouement, mais de quelque folliculaire indiscret.

LE GÉNÉRAL BOUM.

Ne graignez rien, mon golonel. J'égrirai à l'*Industriel alsacien* que fous êtes aux bosdes les blus bérilleux, que fous êtes atoré tes soldats et que fous afez eu tix ou quinze gevaux dués sous fotre peau gorps (à part). Che tirai aussi quelgue jose te moi. Il faut que la bosdéridé sache que le chénéral Boum il avre pien merité tu badrie.

M. DENFERT.

Je resterai donc ici prisonnier de mon devoir, puisque l'intérêt du pays me le commande. Pourtant, Boum, je ne voudrais pas que tu fisses des éloges outrés de ma personne. Le ridicule tue...

Je veux rester un obscur soldat de la République. D'ailleurs je m'en rapporte entièrement à ton impartialité. Je n'en dis pas davantage... La conduite du maire présente un contraste étrange avec la mienne. Tous les jours on le voit dans les rues, dans les forts et ailleurs, si j'en crois les rapports qui me sont faits. Il est vrai qu'il n'est pas exclusivement guidé par le désintéressement, cela me console.... (S'adressant à M. Thiers.) Eh bien ! mon ami, le capitaine X... passera devant un conseil de guerre, puisque telle est votre volonté. Vous savez fort bien que je ne sais rien vous refuser, à vous le phénix de la place.

M. THIERS (précipitamment).

Parfait ! Le moins qu'on puisse demander *en sa faveur*, c'est la peine de mort, *pile de Dieu !* Il faut des exemples. Si l'on fusillait une centaine d'hommes par compagnie, je veux dire par bataillon, cela produirait un excellent effet sur les survivants. Il faut de la discipline à tout prix. J'en suis partisan à tel point que je ferais volontiers fusiller toute la garnison, pour arriver à un résultat satisfaisant.

M. DENFERT.

Qui est-ce qui resterait alors pour défendre la place ?

M. THIERS.

Vous, mon colonel, et moi.

LE GÉNÉRAL BOUM.

Et moi aussi ! Che ne feux pas èdre fusillé. Gui tonc égrirait les hauts faits de notre golonel ?

M. SPIRE (ému).

Et moi aussi ! (Il vide le dernier verre.)

TABLEAU II

Les mêmes, M. GROSJEAN.

M. GROSJEAN.

Je viens, selon mon habitude, colonel, vous ennuyer par de nouvelles réclamations. Je sais que vous ne regrettez pas de tels ennuis, car il s'agit toujours, vous le savez, de notre brave garnison, de notre héroïque population civile et de nos chers malades et blessés. Je viens de faire une tournée dans les hôpitaux et j'ai constaté que nos blessés et nos malades n'ont pas toutes les douceurs que leur état réclame et qu'on est à même de leur donner. Ainsi, par exemple, on leur sert de la tisane sans sucre et cependant le sucre ne manque pas dans les magasins de l'intendance. Je recommande ces malheureux à la haute sollicitude de M. le sous-intendant militaire, dont le dévouement égale le zèle dans les moments périlleux que nous traversons.

M. SPIRE (souriant).

Vous êtes bien honnête, Monsieur le Préfet.

M. GROSJEAN.

Autre chose. Ceci ne me regarde pas directement, cependant M. le colonel ne saurait m'en vouloir de lui signaler le fait. Je veux parler de nos soldats et de nos mobiles qui, tout le monde leur rend cette justice, font bravement leur devoir. Ils ont droit à toute votre bienveillance et tout ce que vous ferez pour eux ne sera pas de trop. Ne pourrait-on pas leur distribuer journellement un peu de vin? Un verre de vin, par ces grands froids, ce mauvais temps, leur ferait énormément de bien. J'en ai entendu beaucoup se plaindre. « Nous avons une mauvaise nourriture, disent-ils ; cet affreux lard que nous cuisons dans l'eau, sans sel, nous rend malades. Mais qu'on nous donne une goutte de vin par repas et nous oublierons nos misères. » Vous le voyez, ces braves ne sont pas bien exigeants et je crois qu'on peut aisément les satisfaire. C'est d'ailleurs une question d'humanité. Ces pauvres diables couchent en grande partie dans la neige et dans la boue. Quand on passe au milieu d'eux et qu'on les entend tousser, cela vous fend le cœur. Et lorsqu'ils viennent vous demander un verre de vin pour suppléer à leur nourriture insuffisante, l'on ne saurait rester sourd à leur prière. Je suis persuadé, colonel, qu'il m'aura suffi d'appeler votre attention sur cette question importante pour que vous preniez une décision favorable aux intéressés. La chose peut se faire, car nous avons un approvisionnement considérable de vin dans les magasins de la place. L'eau-de-vie ne manque pas non plus, elle peut aussi être d'un grand secours.

M. DENFERT.

Je recommande vos observations à Monsieur le sous-intendant.

M. SPIRE (sentencieusement).

Il faudra examiner la chose avec toute l'attention qu'un tel sujet comporte. Je vais donner ordre à mon officier comptable de se rendre compte de la situation de nos approvisionnements, et s'il y a possibilité et que le règlement ne s'y oppose pas, on verra s'il y a lieu de donner suite à la demande de Monsieur le Préfet.

M. GROSJEAN.

Le règlement n'a pas grand'chose à faire dans la question, ce me semble. La meilleure réglementation est celle qui a pour but l'intérêt de la défense et tout ce qu'on fera dans cette intention sera bien fait.

M. SPIRE.

Fort bien. Cependant il ne faut pas procéder à la légère. Je le répète, la question sera examinée avec soin et d'ici à trois semaines, un mois au plus tard, je pourrai vous donner une réponse. N'oublions pas que l'économie dans nos approvisionnements est de la plus haute importance. Si *nous* buvons notre vin maintenant nous n'en aurons plus lorsqu'il en faudrait ultérieurement.

M. GROSJEAN.

Et si on ne le boit pas maintenant, les Prussiens le boiront plus tard Il ne faut jamais se lancer dans les extrémités. Entre une dépense honnête, modérée et le gaspillage il y a une grande différence. D'après votre façon de calculer, vous aurez du vin pour un siége de dix ans.

M. SPIRE.

La précaution est la mère des comptables. On ne sait pas ce qui peut arriver. Le siége de Troie a été très-long. Celui de Belfort peut durer fort longtemps, car nous sommes à même de tenir des années. N'est-ce pas colonel ?

M. DENFERT.

Parfaitement. Nous sommes à l'abri des projectiles ici et les vivres ne manquent pas.

M. GROSJEAN.

Votre citation du siége de Troie peut paraître très-spirituelle et dénote une profonde connaissance de l'histoire ancienne, mais à coup sûr le rapprochement n'est pas heureux. Il est inadmissible que le siége de Belfort puisse durer des années. Venez avec moi voir la ville et vous me direz s'il est possible de tenir aussi longtemps que vous paraissez le croire. Si la population pouvait au moins être abritée dans les casemates, la résistance pourrait se prolonger plusieurs mois. Elle est résignée à tout, cette valeureuse population, elle a fait le sacrifice de ses maisons et de son mobilier. Ce qu'elle demande aujourd'hui, c'est un abri contre la mort qui la menace.

M. DENFERT.

Cela n'est pas possible. La place nous manque. Une grande partie de nos souterrains sont encombrés d'outils, de barils de poudre qu'il ne nous est pas possible de mettre ailleurs. Du reste, je n'éprouve pas pour votre population cette profonde sympathie que vous semblez lui accorder et qu'elle mérite si peu. Si j'avais accédé à ses désirs, j'aurais capitulé le huitième jour du bombardement, car j'ai reçu une pétition en ce sens, signée des notables de la ville.

M. GROSJEAN.

Ce que vous me dites-là me frappe d'étonnement. Si la pétition dont vous m'entretenez avait eu un caractère sérieux, on en aurait entendu parler ailleurs qu'ici. Il est possible qu'il y ait eu des conciliabules où la capitulation était discutée, mais j'ai la conviction qu'une pareille proposition serait repoussée avec indignation par la grande majorité de nos concitoyens.

M. DENFERT.

Quelques-uns des signatures de la pétition jouissent d'une certaine notoriété dans la ville et les environs. Il y a parmi eux un homme de loi renommé pour les adresses qu'il envoyait à l'Empereur au temps de sa *grandeur*.

M. GROSJEAN.

Je vous affirme que l'opinion publique en ville est totalement étrangère à la pétition dont vous me parlez. Je vous quitte en vous recommandant instamment nos soldats et nos malades. (Il sort.)

M. DENFERT.

Quel homme insupportable !

M. SPIRE.

Il a bien des fois troublé ma digestion. Si j'étais à votre place, je l'inviterais à ne pas se mêler de nos affaires.

M. DENFERT.

Vous en parlez à votre aise. C'est un homme avec qui il faut compter ; il jouit d'une grande influence dans la ville.

M. SPIRE.

J'éprouve le besoin d'aller dans mes appartements. (Il sort.)

TABLEAU III

MM. DENFERT, BOUM et FAVRET.

M. FAVRET.

Je viens, Monsieur le colonel, vous soumettre, selon vos ordres, les épreuves du prochain numéro du *Siége de Belfort.*

(M. Denfert lit attentivement les feuillets qui lui sont présentés.)

M. DENFERT.

Voici une appréciation sur les événements de Bellevue qui n'est pas du tout la mienne. Votre récit condamne implicitement ma décision à l'égard du bataillon licencié ! J'admets volontiers qu'il y a eu quelques erreurs dans le rapport du capitaine Thiers, sur la foi duquel j'ai frappé les accusés. Cependant je ne veux pas mettre le public dans mes confidences. Il faut qu'on ignore ces détails dans la ville et au dehors. Jetons un voile discret là-dessus. Vous savez parfaitement, je vous l'ai souvent dit, que vous avez une liberté complète d'appréciation, mais il ne faut pas que ces appréciations nuisent à la défense de la place, soit qu'elles puissent fournir des indications à l'ennemi, soit qu'elles puissent décourager la population et la garnison. Sur ce chapitre, je suis et serai toujours impitoyable. Ainsi, par exemple, quand vous vous permettrez de critiquer certaines de mes mesures ou de donner des conseils, comme cela vous est déjà arrivé, vous compromettez la situation, en ce sens que vous donnez à la population et aux soldats le droit de penser que le commandant supé-

rieur est incapable de conduire les opérations de
défense de la forteresse. A part ces restrictions,
vous avez encore un vaste champ de discussion.
Rien ne vous empêche de louer telle ou telle décision émanant de cette casemate ou de trouver
excellentes telles mesures prises par moi qui vous
paraîtront acceptables et que je ne veux pas voir
blâmer. D'ailleurs j'aurai soin de rédiger ou plutôt
de faire rédiger dorénavant par le général Boum,
qui manie la plume aussi bien que l'aune, je veux
dire l'épée, un compte-rendu des opérations et des
faits qui auront lieu. De cette façon il n'y aura plus
d'inexactitudes et votre journal ne subira plus les
épreuves de la censure, lesquelles causent souvent
du retard à sa publication.

M. FAVRET.

Votre façon d'agir ressemble à s'y méprendre à
celle des serviteurs de l'Empire. Ces gens-là aussi
espéraient étouffer la vérité en se faisant les his-
toriographes de leurs propres actes qui l'étaient
peu... propres. Ce sont des moyens dangereux.
La vérité est une, immuable. Elle finit toujours
par triompher des obstacles qui s'opposent à son
dégagement. Quoi qu'il arrive, on saura tôt ou tard
ce que vous aurez fait dans la lourde tâche qui
vous est dévolue. L'histoire gravera de son burin
d'acier les faits avec l'impartialité qui la caracté-
rise. Elle saura distinger, dans les événements douloureux qui s'accomplissent, l'honnête homme du
traître, le talent de l'incapacité.

M. DENFERT.

Vous avez une façon de parler qui frise l'im-
pertinence. Je ne saurais accepter votre admones-
tation et je vous invite à vous en abstenir à l'avenir. Le journal sera rédigé comme je le voudrai
bien, ou il ne paraîtra pas.

M. FAVRET.

Il me reste à vous demander pardon de ma franchise. Et puisqu'il faut passer par vos fourches caudines, j'y passerai. Je ne me crois pas le droit de priver la garnison et la population du journal du siége, car, si peu intéressant qu'il puisse être, cela vaut encore mieux que rien. Mais ce que je ne puis faire maintenant sera fait plus tard. Je prends, à part moi, des notes que j'utiliserai à une époque meilleure.

M. DENFERT.

J'ai l'honneur de vous saluer, Monsieur. (M. Favret sort.)

LE GÉNÉRAL BOUM.

Mon golonel fous afez raison.

TABLEAU IV

Deux Guetteurs de nuit.

(Ce tableau représente la ville de Belfort, dans la nuit du 24 au 25 décembre 1870. La neige tombe, le vent souffle. La nuit est noire. On voit toutes les dix ou quinze secondes un éclair briller à l'horizon ; puis un sifflement sinistre succède à l'étincelle: ce sifflement se rapproche avec une vitesse vertigineuse et se perd dans un éclatement formidable. C'est un obus qui a éventré une maison et brisé l'intérieur en faisant explosion. Un homme enveloppé d'un manteau, une lanterne à la main, longe silencieusement les trottoirs ; dans certaine rue, il s'approche discrètement d'un autre homme également muni d'une lanterne et stationnant sous un abri en bois. Le premier de ces deux hommes est le surveillant de nuit, l'autre est un des guetteurs. Ces derniers sont au nombre de dix ou douze dans la ville et les faubourgs. Au corps de garde de la place d'Armes, à la sous-préfecture et dans chacun des faubourgs, il y a des postes de pompiers. Dès qu'un projectile pénètre dans une maison, les pompiers et les guetteurs s'y lancent et éteignent le feu, s'il y a commencement d'incendie. Ces hommes sont d'obscurs héros ; ils font un service dangereux et pénible. C'est grâce à leur dévouement et à leur vigilance que la ville de Belfort a peu souffert des incendies. Les autres années, cette nuit était une nuit de fête. Elle a vu naître, il y aura bientôt vingt siècles, le Rédempteur du monde. Quelle cruelle ironie du sort ! Quels coupables égarements des hommes ! A l'heure où l'humanité devrait fêter l'anniversaire de la venue du Messie, le médiateur entre Dieu et les hommes, le plus grand apôtre de l'amour et de la charité, ces mêmes hommes s'entretuent avec une rage inouïe. Des soupirs, des cris, des plaintes sortent des caves où la population inoffensive s'est réfugiée. Les maladies font des ravages terribles dans ces habitations souterraines où ne pénètre pas le moindre rayon de lumière. Les caveaux de l'Hôtel-de-Ville et de l'église, où sont (qu'on nous pardonne cette expression) *parquées* les malheureuses familles sans abri, offrent en particulier un tableau navrant. L'air y est rare et l'humidité laisse des traces malsaines sur le mur et sur le sol. On tousse sans cesse, les enfants pleurent, les grandes personnes maudissent le destin et prient Dieu de mettre un terme à leurs maux. Plusieurs fois, dans la nuit, on sort un objet plus ou moins volumineux enveloppé dans une toile sans couleur. C'est le cadavre d'un homme, d'une femme ou d'un enfant qu'on porte ailleurs pour être chargé sur la voiture mortuaire le lendemain. — Dans les casemates, à droite de la porte de Brisach, M. Denfert dort du sommeil du juste. M. Spire fait un rêve de gloire ; il voit autour de lui une quantité de marchands de sucre, de café et de draps, qui lui

proposent des marchés avantageux... pour eux. Il se fâche et les chasse à coups de poing. Un cri le réveille... Dans la rue de l'Hôpital, deux guetteurs causent devant une cave d'où sortent des sons de flageolet.)

LE 1ᵉʳ GUETTEUR.

C'est égal, la ville de Belfort résiste bien. On ne dira pas au dehors que nous sommes des lâches. Denfert est un rude homme, il faut en convenir.

LE 2ᵉ GUETTEUR.

Tu ne jures que par Denfert. Que fait-il donc de si extraordinaire pour t'arracher à chaque instant des exclamations d'admiration ?

LE 1ᵉʳ GUETTEUR.

Ce qu'il fait ! Mais il tient bon. Ce n'est pas un *capituleur.*

LE 2ᵉ GUETTEUR.

En effet, c'est quelque chose de n'être pas un capitulard par le temps qui court. Denfert, en tenant bon, comme tu dis, ne fait que son devoir. Or, faire son devoir est une chose très-naturelle et l'homme qui ne s'en écarte pas doit être froissé des éloges qu'on lui adresse à ce sujet. Il lui est d'ailleurs très-facile d'être ferme lorsque tout le monde est pour la résistance à outrance. Que risque-t-il du reste dans sa casemate ? Bien moins que nous deux qui faisons également notre devoir, sans qu'un panégyriste complaisant daigne s'occuper de nos médiocres personnes. Il est vrai que ce n'est pas la même chose et je n'ai pas la prétention d'être mis en parallèle avec le gouverneur de la place. Cependant il faudrait être plus juste dans les éloges comme dans le blâme. Je suis loin

de jeter la pierre au commandant supérieur comme
le font beaucoup de gens ici, notamment ceux qui
détestent les protestants, et cela de parti pris;
mais je ne suis pas non plus de ceux qui exaltent ses mérites outre mesure. La résistance de
Belfort est due plus à Vauban qu'à Denfert. La
situation topographique de la place, les ouvrages
avancés et la garnison : voilà ce qui résiste aux
coups de nos ennemis. Quand il s'agit de faire
une sortie ou une opération active quelconque,
c'est-à-dire quelque chose où le général doit se révéler, Denfert a fait preuve d'une incapacité notoire. Rien de ce qui dénote l'homme d'action,
l'esprit d'initiative ! Ce qu'il ordonne, toi et moi
nous pourrions l'ordonner. Voilà, à mon avis, l'opinion la plus exacte, celle de la majorité de nos
concitoyens sur le colonel Denfert. Il doit tout au
hasard, aux circonstances, et les circonstances, le
hasard ne lui doivent rien.

LE 1ᵉʳ GUETTEUR.

Tu oublies de dire qu'il est très-mal entouré.
Il a un état-major détestable. Un avocat, un marchand de calicot et un conducteur des ponts et
chaussées. Voilà à peu près les lumières qui l'éclairent. Ces gens-là peuvent fort bien connaître
leur métier, mais on assure que ce sont là de très-
médiocres officiers d'état-major.

LE 2ᵉ GUETTEUR.

Ledit état-major ne se fait pas faute d'écrire
quantités d'*ordres* plus ou moins grotesques. Je
ne sais pas quel est le *littérateur* qui enfante ces
chefs-d'œuvre, dans lesquels on menace, par exemple, d'envoyer la garde nationale aux forts des
Barres pour une faute quelconque et où l'on parle,
dans un style bucolique des cérémonies de Noël en

Allemagne et de la prise d'assaut de Belfort, qui peut en être la conséquence, mais je l'engagerai à être moins brutal avec la langue française et à ne pas froisser les susceptibilités de la grammaire. Je ne suis qu'un prosaïque scieur de bois, cependant j'ai la certitude d'écrire moins mal que le prosateur de la casemate.

LE 1er GUETTEUR.

Tu est un juge sévère. Et du maire, qu'en penses-tu ?

LE 2e GUETTEUR.

Le maire ? Voilà. Celui-là se conduit mieux, selon moi, que le commandant supérieur. Il a du courage, il ne craint pas les dangers, on le voit circuler dans les rues pendant que les obus sifflent, tout comme s'il n'y avait que des mouches. Mais en somme que signifie cela ? Il y a bien des gens qui circulent avec autant d'audace et qu'on n'aperçoit pas, parce qu'ils ne sont rien dans les choux, pour me servir d'une expression vulgaire. Je vois tous les jours ce pauvre Mattey faire son dangereux métier de facteur de la garde nationale, avec un zèle qui ne refroidit pas. Il court à travers les rues et les places de la ville et des faubourgs avec autant de conviction que le maire. Et cependant personne n'en dit mot. Le journal, qui ne laisse passer aucune occasion pour exalter le courage de M. Meny, n'a pas un petit coin pour parler de ce sombre soldat du devoir. Tu le vois, la fortune et la gloire sont étroitement unies. Retourne les rôles et les conséquences sont différentes. Substitue, dans ta pensée, la position du maire à celle du manœuvre dont je viens de parler. Mets-lui le paletot du magistrat, ainsi que son écharpe et revêts le maire de la bure grossière du malheureux et tu entendras parler de Mattey avec la même chaleur qu'on met à féliciter M. Meny. Mattey, maire, serait un héros, tandis que Mattey, manœuvre, n'est rien. Telle est la justice des hommes. Ce sont des vérités à la Palice, me diras-tu. D'accord. Elles sont parfois les plus terribles et ont malheureusement trop besoin d'être rappelées.

LE 1er GUETTEUR.

On entend bien que tu es un savant. Tu devrais avoir une autre position sociale que celle dont tu jouis.

LE 2e GUETTEUR.

Le fait est que je pourrais être juge suppléant, mais hélas !... Laissons cela de côté et continuons notre discussion. Pour en revenir à la justice des hommes, tu pourras en avoir un échantillon lors de la distribution des récompenses, après la reddition de la place, car cette reddition aura lieu, sois en bien persuadé. Je pourrais te dire à l'avance, sans trop me tromper, ceux qui auront des croix. Je gage que les médecins de la ville eux-mêmes auront un bout de ruban.

LE 1er GUETTEUR.

Les médecins ! Et pourquoi, grands dieux !

LE 2e GUETTEUR.

Parce qu'ils visitent les malades pendant le bombardement.

LE 1er GUETTEUR.

Mais ils ne le font pas gratuitement ; ils ont au contraire augmenté leurs honoraires. Je suis persuadé qu'ils se feront chacun une pièce de 12 à 15,000 francs pendant le siège.

LE 2ᵉ GUETTEUR.

Je suis de ton avis. C'est peut-être pour cela qu'ils seront décorés. S'ils faisaient leurs visites *gratis pro Deo*, on les prendrait pour des imbéciles, ce qu'ils ne veulent absolument pas paraître. L'humanité est impitoyable... Je ne serais pas étonné non plus de voir figurer sur la liste des *porte-croix* le capitaine des pompiers et le capitaine *in partibus :* le premier pour n'avoir rien fait et le second pour l'avoir aidé !

LE 1ᵉʳ GUETTEUR.

Le capitaine *in partibus?* Qu'est-ce que cela veut dire ? Je ne comprends pas l'hébreu. — Sans doute celui qui est parti.

LE 2ᵉ GUETTEUR.

C'est au contraire celui qui n'est pas parti.... avec les francs-tireurs. Il est vrai qu'il touche ses appointements ici, cela fait compensation... Par contre, certains pauvres diables qui auront réellement gagné quelque chose n'auront rien ; ceux-là se contenteront d'un bras de moins ou d'une jambe coupée...

LE 1ᵉʳ GUETTEUR.

Et le capitaine de la batterie d'artillerie sédentaire aura-t-il quelque chose, selon toi ?

LE 2ᵉ GUETTEUR.

Quant à celui-là, il mérite... (Un obus éclate dans le grenier d'une maison voisine. Les deux guetteurs se précipitent dans le corridor. Le flageolet s'est tu.)

TABLEAU V

MM. GROSJEAN, MENY, Gardes nationaux.

(Ce tableau représente la prise de Danjoutin par les Prussiens. Ils contournent nos positions, s'emparent des grand'gardes et entrent dans le village. Les 800 soldats français qui s'y trouvent se défendent héroïquement. Ils attendent du secours, mais en vain. Le combat dure toute une nuit et une grande partie de la journée du lendemain. Les forts ne tirent pas ou tirent peu. Celui de Bellevue en particulier est muet. Les Prussiens parviennent à s'installer derrière le remblai du chemin de fer sans être inquiétés par le fort de Bellevue qui pouvait les prendre en écharpe. On bat la générale dans les rues de la ville ; les gardes nationaux se réunissent à l'Hôtel-de-Ville, dans le corridor humide et froid. Le Préfet et le Maire sont parmi les gardes nationaux. Plusieurs heures se passent. Les gardes nationaux s'impatientent. Convoqués à une heure du matin, ils sont encore sur les dalles malsaines de l'Hôtel-de-Ville à neuf heures. Des conversations s'échangent.)

UN GARDE NATIONAL.

Que signifie cela ? On nous réunit ici, dans quel but ? Si l'on veut nous faire marcher à l'ennemi ou nous placer à nos postes sur les remparts, qu'on nous en donne l'ordre et nous marcherons. Mais je ne trouve rien de plus stupide que de nous appeler pour nous faire mourir de froid dans ce corridor. Quelles incapacités parmi ceux qui nous gouvernent ! De l'indécision et toujours de l'indécision, voilà le fond de la tactique de notre gouverneur et pendant qu'il est à réfléchir sur ce qu'il doit faire, avec cette lenteur qu'au chemin de fer on nomme petite vitesse, les Prussiens prennent des positions avantageuses que jamais on n'aurait dû perdre. La prise de Belfort arrivera fatalement avec ce système singulier.

M. MENY (le fusil sur l'épaule).

Les dépêches qui sont arrivées de Danjoutin à l'état-major ne sont pas des plus rassurantes. La position est compromise. Les Prussiens se sont jetés, au nombre de 6,000 environ, sur nos postes avancés et les ont cernés. La lutte a été vive et terrible, et ce qui doit nous consoler de nos revers, c'est que la résistance de nos 800 soldats attaqués a été héroïque. Les pertes prussiennes sont énormes.

M. GROSJEAN.

Il faut dire aussi que la lutte continue encore à l'heure qu'il est. On entend distinctement la fusillade à la gare et je suis convaincu qu'en envoyant du renfort, on pourrait délivrer nos braves soldats qui se battent comme des lions et qui, bien certainement, attendent du secours.

M. MENY.

Ne faites-vous pas erreur, Monsieur le Préfet ? Le lieutenant-colonel commandant les compagnies de la gare, à qui on a fait remarquer qu'on entendait distinctement le bruit de la fusillade, prétend que cela est inexact, attendu qu'aucun bruit de ce genre, dit-il, n'est parvenu jusqu'à ses oreilles.

LE MÊME GARDE NATIONAL.

Rien d'étonnant à cela : il est sourd.

M. MENY (s'adressant aux gardes nationaux).

Messieurs, vous pouvez rentrer chez vous. Le colonel Denfert vous ordonne de rompre vos rangs. Il est satisfait de votre patriotique empressement à répondre à son appel, et s'il ne faisait pas si froid, il serait venu vous exprimer personnellement sa satisfaction.

PLUSIEURS GARDES NATIONAUX.

Connu ! Connu !

(La prise de Danjoutin a produit, dans la journée du lendemain, une impression bien fâcheuse parmi la population et la garnison. Pour relever les courages, M. Denfert a fait, au rapport de la Place, un ordre du jour par lequel il annonce l'arrivée d'une armée de délivrance, dont il indique la marche et le chiffre des forces. Voici ensuite comment M. Denfert a fait raconter dans le journal du siége le combat de Danjoutin :)

« 8 *janvier* 1871. — Nous avions à peine terminé le récit des faits de la journée d'hier que des événements considérables se produisaient sous nos murs. Une vive canonnade, de la part des Prussiens, avait lieu sans discontinuité, lorsque nous sommes réveillés par le bruit du tambour et du clairon, nous annonçant par la générale qu'il se passait quelque chose de grave ; en effet, lorsque la garnison tout entière se fut réunie en peu d'instant en armes, nous apprenions que les ennemis avaient enveloppé Danjoutin, essayant d'enlever ce village défendu par une garnison de 7 à 800 hommes.

« Plusieurs compagnies de mobiles envoyées au secours de Danjoutin ne purent les dégager. Mais les Prussiens, après avoir refoulé nos grand'gardes, qui n'ont *peut-être* pas résisté assez énergiquement, s'étant emparés de fortes positions, firent tellement bonne garde, avec des canons dans les chemins conduisant au village qu'il fut impossible à nos troupes de secours d'avancer, et, après avoir perdu plusieurs hommes ; nos mobiles furent obligés de se retirer. Un ordre mal exécuté, du commandant supérieur, fut cause qu'elle ne put être secourue.

« La petite garnison de ce village résista à un nombre très-supérieur d'ennemis, l'enveloppant de toutes parts, et ce n'est que dans l'après-midi qu'elle se rendit à l'ennemi et fut faite prisonnière. Cet événement nous a fait perdre un chef de mérite et nous a été rendu plus douloureux par la mort d'un capitaine du génie, M. Degombert, officier plein d'avenir. Cet officier a été blessé mortellement en exécutant une reconnaissance dans un endroit périlleux, avançant le premier et donnant aux hommes l'exemple du mépris du danger, dans l'accomplissement du devoir. M. le commandant supérieur avait mis en lui toute sa confiance et il la méritait à tous les titres. C'est une perte irréparable, songeons à les venger, lui et les victimes tombées aujourd'hui ; peut-être l'occasion se présentera-t-elle bientôt. »

(Dans un ordre du jour, M. Denfert blâme sévèrement la conduite d'un officier de la mobile du Haut-Rhin, cantonné avec sa compagnie au faubourg du Fourneau. Cet officier, qui avait au contraire fait son devoir, proteste et le colonel, chose extraordinaire, revient sur son blâme dans l'ordre du jour du lendemain. Du reste, le premier ordre du jour, rédigé par le commandant supérieur, sous l'impression de sa mauvaise humeur, a été entièrement infirmé par des ordres de jour complémentaires et rectificatifs rédigés les jours suivants.)

TABLEAU VI

MM. X... Y... et Z... Un mobile.

(Ce tableau représente la cave voûtée de M. X...
Le propriétaire est absent, il avait jugé prudent de
se réfugier en Suisse ou ailleurs. Une partie de sa
famille est installée dans la cave, avec quelques amis
à qui on a donné l'hospitalité. Là, à la clarté d'une
lampe, se discutent les affaires d'un très-haut intérêt.
On s'occupe plus de l'opportunité de capituler que de
la nécessité et des moyens de résister avec courage.
Très-souvent les questions politiques sont à l'ordre
du jour. Les opinions sont différentes et la discussion
est très-chaude. De temps en temps l'explosion d'un
obus tombé non loin de la cave fait suspendre la con-
versation et pâlir les visages.)

M. X...

Non, il n'y a que la famille d'Orléans qui puisse
nous tirer de notre situation. La République a fait
son temps ; elle a prouvé son impuissance et doit
disparaître pour faire place à un gouvernement
plus sérieux et honnête. La dynastie de Louis-
Philippe remplit toutes les conditions d'honneur et
de stabilité nécessaires pour relever la France et
assurer l'avenir. Le règne des d'Orléans est du
reste le règne de la bourgeoisie et des financiers
et, ma foi, nous n'aurons rien à y perdre.

M. Y...

Le comte de Chambord est seul capable de sauver notre pays. La *Gazette de France*, la *Décen-
tralisation* et autres journaux dévoués à la cause
de la légitimité le démontrent assez. On m'objecte

toujours que ces journaux ont peu d'abonnés. Ce n'est pas une raison. Les choses précieuses sont rares, je veux parler des journaux en question. Le dernier manifeste de *Monseigneur* prouve suffisamment combien il aime la France et combien il gémit de ne pouvoir la délivrer de ses oppresseurs indigènes et étrangers. Cet infâme Gambetta, qui ne sait rien faire que de lancer des discours, courir du Nord au Midi, de l'Est à l'Ouest, pour relever, dit-il, les courages abattus, doit être maudit. C'est lui qui est l'auteur de nos maux. En continuant la résistance contre un ennemi qui nous vaincra bien certainement, il fait acte de mauvais citoyen. Du reste cet homme n'a pas une étincelle de religion. Il ne parle jamais de Dieu dans ses proclamations et n'a encore pas songé à ordonner des prières publiques. C'est pourquoi la Providence nous abandonne entièrement. Dès l'instant qu'on ne pense pas à Elle, il est tout naturel qu'Elle nous oublie. Ah! que Monseigneur le comte de Chambord prenne à son tour le fardeau du pouvoir et vous le verrez à l'œuvre! Il est étroitement lié avec le bon Dieu, de qui il tient sa mission terrestre et le Très-Haut ne sait rien lui refuser. Conclusion : Henri V peut seul sauver la France, je viens de le prouver d'une façon irréfutable.

M. Z...

Moi, je n'ai aucune préférence bien marquée. Je suis toujours du parti qui est au pouvoir. Aujourd'hui je suis républicain, parce que nous sommes en république ; hier j'étais impérialiste et demain je serai légitimiste ou orléaniste, si l'une ou l'autre de ces branches revient sur l'eau, ce dont je doute. Mon système politique est encore le meilleur, il ne compromet pas et offre des avantages considérables. D'ailleurs j'ai des affinités dans tous les camps. Mon gendre profite de la République, qui l'a bien placé, un de mes neveux aura des avantages sous les d'Orléans, un second sera bien traité par Henri V, j'en ai un troisième qui ne perdra rien si Napoléon revient, ce qui n'est pas probable. Cependant il ne faut s'étonner de rien. Bref, j'accepte n'importe quel régime. Ce que je demande c'est que les affaires marchent bien ; sur ce, je bois à notre santé (il boit)... Ce vin est excellent.

M. X...

Je le crois bien ! Il était destiné aux malades, mais comme j'ai des amis partout et qu'il n'y a plus moyen de se procurer du vin chez les commerçants, celui que nous buvons maintenant a pris le chemin de notre cave, au lieu de s'égarer dans les ambulances.

M. Z...

Et les filets de bœuf que nous mangeons tous les jours, d'où viennent-ils ? Quelle viande tendre, bon Dieu !

M. X...

Ces filets sont également destinés aux malades ; mais ils viennent se perdre dans nos casseroles, en contrebande. Soyons discrets sur ces détails, car si on apprenait quelque chose, cela produirait un mauvais effet. — A la santé du comte de Paris !

M. Y...

Vive Henri V !

M. Z...

Vivent tous et le bon vin ! (La porte s'ouvre, un mobile entre.)

LE MOBILE.

J'ai un billet de banque de 1,000 francs à échanger contre de l'or. Ce billet appartient à plusieurs de mes camarades et à moi. Je m'adresse à M. Y... dont le dévoûment pour les mobiles de notre département est sans bornes. Il voudra bien me procurer de l'or contre ce morceau de papier, moyennant escompte, bien entendu.

M. Y...

Ce que je fais pour les mobiles de votre département ne doit pas vous surprendre. Vous savez combien je suis attaché à votre pays. Du reste, il rentre dans mes habitudes de faire le bien et cela sans bruit, comme il convient à un vrai chrétien. L'escompte pour votre billet est de 60 francs.

LE MOBILE.

Oh ! Monsieur, il me semble...

M. Y...

Je sais que c'est peu de chose. Mais n'insistez pas ; je ne demanderai pas un sou de plus, malgré votre insistance. J'ai des principes et je veux pas y déroger.

LE MOBILE.

Ce n'est pas ce que je...

M. Y...

Je vous en prie, n'insistez pas.

LE MOBILE (à part en sortant).

On ne vous laisse pas le loisir d'exprimer votre pensée dans cette tanière. Quels voleurs que ces gens-là ! Malheureusement il faut passer par leurs mains. Pas moyen de pouvoir échanger en ville ce billet contre du numéraire, et cependant l'or et l'argent ne font pas défaut à Belfort, car nous y avons laissé plusieurs centaines de mille francs depuis le mois de septembre.

~~~~~~~~~~~~~~~~~~

TABLEAU VII

Deux Guetteurs de nuit.

(Les deux guetteurs que nous avons vus dans le tableau IV se retrouvent dans la Grand'Rue.)

LE 1ᵉʳ GUETTEUR.

Eh bien ! que dis-tu des événements de ces derniers jours? Je veux parler de la prise de Pérouse et de l'attaque des Perches.

LE 2ᵉ GUETTEUR.

La prise de Pérouse justifie pleinement l'opinion que j'ai exprimée sur le colonel Denfert, à savoir qu'il n'est capable de rien. Quand on connaît les positions qu'occupaient nos soldats à Pérouse, on est indigné d'apprendre qu'ils ont dû se replier. Ils n'ont quitté leurs positions que par ordre supérieur et après s'être bravement battus. Le bataillon qui se trouve à la Justice voyait l'action et ne demandait qu'à voler au secours des combattants. M. Denfert a jugé qu'on devait se retirer. *Magister dixit.* Il a fallu obéir. Les Prussiens ont subi des pertes énormes; ils étaient tellement frappés de la résistance de nos soldats qu'ils n'ont occupé le village que douze heures après le départ des nôtres.

LE 1er GUETTEUR.

Tu connais les détails de l'attaque des Perches ?
Raconte-moi cela.

LE 2e GUETTEUR.

Les Prussiens ont commencé l'attaque en grand
nombre, après une violente canonnade. Un mille
environ des leurs sont arrivés jusque dans les fossés des forts, ayant avec eux de la poudre et de la
paille, pour mettre le feu aux casemates. Ils ont
été accueillis par une violente décharge de mous-
queterie et les bombes portaient la mort au milieu de ceux qui étaient encore à une certaine dis-
tance des forts et qui approchaient silencieusement.
Le sol était jonché de cadavres. Devant une riposte
aussi vigoureuse, l'ennemi a pris la fuite en lais-
sant 230 prisonniers entre nos mains. Un sous-
lieutenant du 45e de ligne, M. Wahl, a fait une
soixantaine de prisonniers avec une dizaine de ses
hommes. Connaissant l'allemand, il a invité les
Prussiens qui couraient effarés dans les fossés à
déposer leurs armes, avec menace de les fusiller
sans pitié s'ils n'obéissaient pas à son ordre, et en
même temps, il commandait d'une voix de ton-
nerre : *Bataillon, chargez armes !* Les quelques
soldats présents ont fait autant de bruit, en char-
geant leurs fusils, qu'en aurait fait un bataillon
entier. Le tour a réussi et les Prussiens ont été
pris. Le lendemain nos ennemis ont demandé et
obtenu un armistice de deux heures pour enterrer
leurs morts, qu'on estime au chiffre de 900 à 1,000.

LE 1er GUETTEUR.

As-tu entendu parler d'une arrestation arbitraire
qui a déjà quelques jours de date ? Il s'agit de
M. G..., contrôleur des contributions indirectes, si
je ne me trompe.

LE 2ᵉ GUETTEUR.

Je connais l'affaire. Voici ce que c'est. Monsieur
le grand Prévot de la gendarmerie, homme *éner-*
gique avec les... faibles, a fait inviter M. G... à
se rendre à son bureau, pour obtenir des renseignements sur une saisie opérée quelque temps
avant le siége par l'administration des contributions indirectes. M. G... a refusé de se rendre à
l'invitation du grand Prévot, ajoutant qu'il était
prêt à fournir les renseignements dans son bureau
à lui. M. le grand Prévot, que les habitudes de
l'Empire n'avaient encore pas quitté, a fait arrêter
M. G... par trois de ses gendarmes. Après un in-
terrogatoire dans lequel il y avait autant d'inso-
lence que de pataquès, le grand Prévot a rendu
la liberté à son prisonnier. M. G... est décidé à
poursuivre l'officier de gendarmerie. Il est entêté
et je suis persuadé que ces poursuites auront lieu.

TABLEAU VIII

—

M. DENFERT, le Général BOUM.

—

M. DENFERT.

Maintenant que les forts des Perches sont aban-
donnés par nos troupes, la résistance est entrée
dans sa dernière phase. Il est inutile, à présent,
d'occasionner plus de ruines. Belfort, du reste, a
fait ce qu'il a pu. De toutes les forteresses de
France, c'est la nôtre qui a résisté le plus long-

temps. On aurait pu faire mieux, je le confesse. A
qui la faute ? Au gouvernement d'abord, lequel a
eu le tort de me confier un commandement qui, je
le sens maintenant, était au-dessus de mes forces.
J'étais rempli de bonne volonté, et le jour où j'ai
été nommé colonel je me croyais capable de mener
la chose à bien. Mais hélas ! l'expérience m'a dé-
sabusé. J'ai été un officier de l'empire, et malgré
que je ne lui ai pas été bien dévoué, le contact a
vicié mon intelligence. J'ai été un des nombreux
rouages administratifs dont les fonctions consis-
taient à enrayer tout progrès et à s'enfoncer plus
avant dans l'ornière de la routine. Le génie militaire, duquel je fais partie, n'a rien produit que de
défectueux, depuis vingt ans. Les fortifications de
Belfort, que j'ai dirigées pendant cinq ans, ont été
complétées dans des conditions désastreuses. Notre
système était vicieux et se prétendait infaillible.
Rien de compatible avec les exigences modernes n'a
été fait. Les forts des Perches, par exemple, dont
l'utilité a été suffisamment démontrée pendant le
siége n'ont été établis qu'après la déclaration de
guerre. Il y a longtemps que ces forts auraient dû
être construits. En s'y prenant à temps, on aurait
été à même de faire des travaux solides, achevés,
et, à l'heure qu'il est, ces positions superbes seraient encore en notre pouvoir. Le génie, disais-je
tout-à-l'heure, se croyait infaillible ; il n'aurait accepté aucun conseil d'un esprit étranger au corps,
d'un pékin, par exemple, pour me servir de l'expression militaire consacrée. C'eut été déshonorant
pour nous. Qu'eut-on dû faire pour rendre Belfort
imprenable ? Fortifier le Mont ou le Salbert,
l'Arsault, la Côte et les Perches, au lieu de dépen-
ser plusieurs millions pour construire le fort des
Barres et faire, dans l'enceinte, des voûtes surbais-
sées qui écraseront tôt ou tard les passants. J'étais
pénétré de ces mêmes idées fausses, je dois le re-

connaître. Je n'ai pas voulu accepter, sous prétexte qu'il était incompétent, le concours d'un homme intelligent qui m'avait offert, dès le début de l'investissement, de monter quelques pièces de canon sur le mont Salbert. C'eut été une position admirable. Jamais les batteries d'Essert n'eussent pu être établies par l'ennemi. Je regrette aussi, puisque j'en suis à exprimer des regrets, de n'avoir pas ordonné une sortie plus considérable, le jour où le canon de Bourbaki grondait sous nos murs. Au lieu d'envoyer 1,200 hommes sur les tranchées d'Essert, il aurait fallu en envoyer 7 ou 8,000. Ils auraient réussi à franchir la ligne ennemie, d'autant plus facilement que cette ligne était presque entièrement dégarnie. Je le comprends aujourd'hui; que ne l'ai-je compris plus tôt !

LE GÉNÉRAL BOUM.

Mon golonel fous afez raison.

M. DENFERT.

Je vais envoyer le capitaine Chàtel à Bâle, demander par le télégraphe des instructions au gouvernement. Il expliquera que la position est difficile et que les munitions sont limitées. J'ai eu le tort grave d'être trop prodigue de munitions au début du siége. Nous avons jeté, comme on dit vulgairement, de la poudre aux moineaux. Si l'on avait été moins avare de vin et de chaussures à l'égard de nos soldats, et moins prodigue de poudre, cela eut mieux valu. Que va-t-on faire maintenant des approvisionnements de vin, de sucre, etc., qui nous restent en magasin ?

LE GÉNÉRAL BOUM.

Mon golonel fous afez raison.

M. DENFERT.

On ouvrira les robinets ; il vaut mieux laisser couler le vin que de l'abandonner aux Prussiens. Quant aux magasins de fournitures, etc., on les livrera au pillage. Pourvu que les Prussiens n'aient rien, tous les moyens sont bons pour arriver à ce résultat. Cela contrariera M. Spire dans le règlement de ses comptes. — Mais qu'y faire ?

LE GÉNÉRAL BOUM.

Mon goloncl, fous afez raison.

M. DENFERT.

Et le tabac et les cigares? L'approvisionnement en est considérable ; on l'estime à la valeur de cent cinquante mille francs. Ceci n'est pas mon affaire. A chacun le sien. Ma responsabilité est déjà assez lourde, sans que je consente à accepter cette dernière.

LE GÉNÉRAL BOUM.

Mon goloncl fous afez raison.

M. DENFERT (avec colère).

Tu es un imbécile!

LE GÉNÉRAL BOUM.

Mon goloncl fous afez...

M. DENFERT (interrompant).

Va-t-en au diable ! (Il lui montre la porte).

LE GÉNÉRAL BOUM.

Mon goloncl... (Il sort la tête baissée).

M. DENFERT.

La mauvaise fortune rend injuste. J'ai eu tort de brusquer ainsi ce pauvre diable qui, en somme, m'a toujours été très-dévoué. (Il le rappelle.)

EPILOGUE

—

Le 16 février 1871, on lisait sur les murs de Belfort la proclamation suivante :

CITOYENS ET SOLDATS,

Le gouvernement de la Défense nationale m'a donné, en vue des circonstances, l'ordre de rendre la place de Belfort. J'ai dû en conséquence traiter de cette reddition avec M. le général de Treskow, commandant en chef de l'armée assiégeante.

Si les malheurs du pays n'ont pas permis que la résistance vigoureuse offerte par la garnison, la garde nationale et la généralité de la population reçut la récompense qu'elle méritait, nous avons pu, du moins avoir la satisfaction de conserver à la France la garnison, qui va rallier avec armes et bagages et libre de tout engagement le poste français le plus voisin.

Connaissant l'esprit qui anime les habitants de la ville, au milieu desquels je demeure depuis plusieurs années, je comprends mieux que personne l'amertume de la situation qui leur est faite. Cette situation est d'autant plus pénible qu'on prétend nous faire craindre, qu'au mépris des principes et des idées modernes, le traité de paix que nous allons subir ne consacre une fois de plus le droit de la force et n'impose à l'Alsace tout entière la domination étrangère.

Mais je reste convaincu que la population de Belfort, conservera toujours les sentiments français et républicains qu'elle vient de manifester avec tant d'énergie. En consultant, du reste, l'histoire même du siècle présent, elle y puise la légitime confiance que la force ne saurait longtemps prévaloir contre le droit.

Vive la France ! Vive la République !

Belfort, le 16 février 1871.

Le colonel commandant supérieur,
DENFERT-ROCHEREAU.

Deux jours plus tard on lisait cette seconde proclamation :

RÉPUBLIQUE FRANÇAISE

LIBERTÉ. — ÉGALITÉ. — FRATERNITÉ.

AUX HABITANTS DE BELFORT

Citoyens,

Le Préfet du Haut-Rhin qui était venu partager vos périls et vos souffrances ne se trompait pas en nous disant le 3 décembre dernier « qu'il ne se rencontrerait à « Belfort ni un soldat, ni un habitant, pour trouver les « sacrifices trop grands ou la résistance trop longue. »

Vous avez répondu à son attente et à celle du pays.

Le gouvernement de la Défense nationale vient de rendre un éclatant hommage à votre héroïque patriotisme et au courage de ceux qui ont si vaillamment défendu vos remparts.

Le canon de Belfort est le dernier qui ait retenti en France, l'Europe entière en a entendu l'écho.

Vous avez, pendant près de quatre mois maintenu haut et ferme le drapeau de la République.

Aussi vous saurez souffrir avec dignité les épreuves du présent et attendre avec confiance les espérances de l'avenir.

Vive la France ! Vive la République !

Pour le Préfet et par délégation,
LÉON STEHELIN.

Voici maintenant la dépêche du gouvernement de la Défense nationale, dans laquelle on lit « l'éclatant hommage » dont parle la proclamation ci-dessus :

Bordeaux, le 16 février 1871.

Le ministre de la guerre au capitaine d'état-major Châtel et au capitaine du génie Krafft, envoyés de Belfort par le colonel Denfert.

En même temps que votre dépêche du 14, reçue seulement aujourd'hui, je reçois une lettre datée du 13, de

Paris, par laquelle le général Trochu, au nom du gouvernement de la Défense nationale encore en fonctions, à Paris comme à Bordeaux, m'informe que la fraction du gouvernement demeurée à Paris (général Trochu, président ; Ernest Picard, chargé du ministère des affaires étrangères), vous a autorisé à rendre à l'armée prussienne la place que vous avez si glorieusement défendue, aidé en cela par la vaillante et patriotique population de Belfort.

En présence de cette autorisation du gouvernement de Paris et de la considération que vous faites vous-même valoir, double fait mettant votre honneur complétement à l'abri, les membres du gouvernement de Bordeaux, dont je suis l'organe, ne peuvent que confirmer l'autorisation de leurs collègues de Paris et je couvre de ma responsabilité le parti suprême que vous prendrez, en vous inspirant de votre propre honneur, comme de l'intérêt des soldats et de l'héroïque population qui vous ont si bien secondé.

Le gouvernement de Paris ne nous a rien fait connaître en dehors des termes mêmes du télégramme que vous avez reçu de M. Picard. C'est à vous, par conséquent, qu'il appartient de traiter avec l'état-major allemand des conditions les plus favorables relativement au matériel de la place, canons et munitions, et, ce qui importe beaucoup plus, aux intérêts de la brave population de Belfort.

Recevez, colonel, pour vous et vos braves soldats, l'expression de ma douloureuse et bien ardente sympathie, et soyez auprès de la patriotique population de Belfort, l'interprète des sentiments de reconnaissance et d'admiration des membres du gouvernement et de la France entière.

Général LE FLÔ, CHAUDORDY.

Pour copie conforme :
DENFERT.

Nos soldats partent le 16 et le 17 février. Quelques-uns ont des sabots aux pieds. Beaucoup sont très-mal vêtus. La population civile les voit quitter nos murs la douleur dans l'âme. Peu d'instants après nos ennemis entrent par les portes de France et de Brisach, musique en tête. La veille, les magasins de l'intendance avaient été livrés au pillage. Le vin coulait par les robinets sur le sol et les tonneaux d'eau-de-vie étaient défoncés.

Les Prussiens font irruption dans les maisons presque détruites. Des familles qui n'ont plus qu'une ou deux chambres habitables sont obligées de partager leur logement avec dix ou douze soldats allemands. C'est ainsi que M. Denfert s'est occupé de la *vaillante population de Belfort*.

Huit jours après la reddition, l'administration allemande a fait vendre, dans la cour de la maison Goffinet, à l'enchère, les tabacs et les cigares saisis par elle à l'Entrepôt. La vente a produit 88,000 fr. La marchandise avait été adjugée à un prix peu élevé.

Les maçons, les charpentiers, les couvreurs, etc., se sont mis à l'œuvre et bientôt les habitations étaient en réparation. Dans quelques semaines d'ici les maisons et les édifices que le feu n'a pas détruits seront dans leur état primitif.

CONCLUSION

L'auteur de cette brochure n'a pas eu la prétention de porter un jugement sans appel sur les événements qui se sont passés pendant le siége de Belfort, ni sur les personnes qui ont joué un certain rôle dans ces événements.

Il ne partage pas entièrement les appréciations qui découlent des mises en scène et des dialogues esquissés dans les pages qu'on vient de lire. Il s'est surtout efforcé de représenter, aussi fidèlement que possible, les sentiments de l'opinion publique *intra muros*, sur la façon dont le siége a été dirigé !

Son avis est, au contraire, qu'on est assez injuste à l'égard du commandant supérieur, qui n'a peut-être pas fait ce qu'un général plus expérimenté eût pu réaliser. Mais on doit lui reconnaître une grande énergie, une volonté inébranlable pour la résistance et, ce que beaucoup de personnes ne peuvent lui pardonner, de profonds sentiments républicains.

On lui reproche sans cesse de n'être pas sorti de sa casemate pendant le bombardement. Cela est puéril. De deux choses l'une. En se promenant dans les forts et dans les rues il pouvait être tué ou il pouvait ne pas l'être. S'il n'était pas tué ses sorties étaient insignifiantes, puisqu'elles n'avaient pas la mort comme consécration ; s'il avait été tué ou blessé, ç'eut été un malheur pour la défense. Les hommes capables de lui succéder étaient plus que rares dans la place.

Quant à Monsieur le Préfet, l'auteur de cette brochure partage l'opinion générale sur sa belle conduite pendant le siége. Méprisant le danger, il parcourait la ville et les faubourgs pour visiter les troupes, les malades et les blessés. Il stimulait les premiers de la parole et de l'exemple, et donnait des consolations à ceux qui étaient cloués sur leur lit de douleur. Il avait la sympathie des pauvres et l'estime de tous ses concitoyens. Voici ce qu'un journal de Lyon, le *Salut public*, publiait sur son compte à la date du 21 octobre 1870, à la suite d'une circulaire du préfet portant la date du 10 octobre, que certains esprits avaient mal interprétée : « M. Grosjean, préfet du Haut-Rhin a été recherché par nos ennemis pour être arrêté et conduit Dieu sait où. Pour opérer l'arrestation, les Allemands avaient la photographie de l'honorable magistrat de la République. L'ordre de s'emparer de la personne de M. Grosjean avait été donné à la suite de sa proclamation aux habitants du Haut-Rhin en date du 10 octobre. Quelques passages de la proclamation préfectorale ont été diversement interprétés ; on y a vu dans certains cercles une teinte de tristesse, de découragement qui en réalité n'existe pas. Je crois être l'interprète du parti libéral, en déclarant que la pensée de M. J. Grosjean a été mal comprise. »

« Dans cette phrase, que je cite textuellement :

« Mais fut-elle même, par une violence sans nom, réunie de fait à l'Allemagne, l'Alsace n'en restera pas moins irrévocablement attachée à la France par ces liens que la Révolution de 1789 a rendus indissolubles ; elle attendra alors, silencieuse mais résolue, un de ces moments que le souffle puissant de la démocratie suscitera infailliblement pour faire un retour glorieux vers la mère-patrie, régénérée par les institutions républicaines. »

« Dans cette phrase, dis-je, l'auteur de la proclamation a voulu faire surtout une déclaration *diplomatique*. Il a tenu à faire ressortir aux yeux de nos ennemis et de l'Europe que les embarras et les

difficultés de toute nature seraient la conséquence
d'une annexion violente de l'Alsace à l'Allemagne.
Il faut qu'on le sache bien : du jour où le Haut-
Rhin et le Bas-Rhin seront détachés de la France,
la paix de l'Europe sera constamment troublée. Aucune promesse, aucune violence, aucune surprise,
rien, en un mot, ne nous fera accepter le joug
prussien. Nous le disons carrément au roi Guil-
laume : Il est possible que parveniez à nous vain-
cre, à nous écraser, mais jamais nous ne nous
soumettrons. Nous supporterons avec courage
toutes vos violences et toutes vos humiliations,
mais avec l'espoir ineffaçable d'un prochain retour
à la mère-patrie. Toutes nos pensées convergeront
vers ce but sacré, et à la première occasion favorable, nous nous lèverons comme un seul homme
pour recouvrer notre liberté. Oui ! l'Alsace annexée
à la Prusse, c'est l'insurrection en permanence ; la
tranquillité des peuples sera sans cesse menacée.
Encore une fois, jamais nous n'accepterons d'autre
patrie que la France, la France républicaine !

« Tel est au fond le sentiment de tous les Alsa-
ciens ; il est aussi et surtout celui de M. Grosjean,
qui travaille avec une ardeur que seul le patriotisme peut enfanter, à l'organisation de toutes nos
forces militaires. Il a pris des mesures excellentes
pour mettre sur pied, le plus prochainement possible, les gardes nationaux mobilisés. »

Plus tard, le même journal, bien renseigné sur
ce qui se passait à Belfort, rend compte d'une protestation adressée par la population à M. Denfert,
contre un article étrange publié dans le *Journal de
Belfort*. Une certaine catégorie de gens, que Mo-
lière a bien stigmatisée de sa plume ironique et
puissante, et qui a pour organe l'*Univers* de Veuil-
lot, s'était permis d'insinuer que l'article en question était dû à l'inspiration de M. Grosjean. La
lettre publiée par le *Salut public* rend un éclatant

hommage au caractère de M. le Préfet ainsi qu'aux sentiments patriotiques de la population de Belfort.

« La protestation des habitants de Belfort contre deux articles du journal de cette ville, dit le *Salut public*, a été remise à M. le gouverneur de la place par une députation de la garde nationale sédentaire. M. Denfert a été touchée de la marque de confiance dont il est l'objet et de l'attitude courageuse de la population.

« La calomnie a levé la tête à propos de cette affaire. Un esprit malveillant a attribué la paternité d'un des articles incriminés à M. Grosjean, préfet du Haut-Rhin, actuellement à Belfort. Cette accusation aussi ridicule qu'odieuse, a trouvé créance dans la masse. La calomnie a cela de mauvais qu'une fois lancée, elle prend consistance en grossissant. On ne se donne pas la peine d'examiner si l'accusation ourdie dans l'ombre a quelque chose de fondé. Non, on la jette derrière vous sans vous prévenir et le mal fait son œuvre. Notez bien que rien dans le passé, dans les opinions, dans la conduite actuelle de M. Grosjean n'autorise la moindre supposition de ce genre. Il est, sans contredit, un des préfets les plus énergiques et le plus profondément dévoués à la République. Homme libéral par excellence, M. Grosjean professe le plus grand respect pour les opinions d'autrui; il est très-conciliant et ne dédaigne aucun concours dans l'œuvre patriotique qu'il a entreprise dans notre département. »

Monsieur le maire de Belfort a fait preuve pendant le siège d'un courage et d'un dévouement au-dessus de tout éloge. Son sang-froid, au moment du péril, faisait l'admiration de tout le monde. Il a reçu la récompense due à sa conduite remarquable : il a été nommé officier de la Légion d'honneur.

Le dévoüement des médecins de la ville mérite aussi d'être signalé.

La garnison composée de bataillons de la ligne et de la mobile a vaillamment fait son devoir. Il y a une exception à faire pour quelques officiers, peu nombreux du reste, qui ont passé leur temps à l'hôtel et dans les maisons particulières.

Dans les divers combats qui ont précédé l'investissement et dans les différentes sorties qui ont été faites pendant le siège, les mobilisés du Haut-Rhin, les mobiles de la Haute-Saône, du Rhône, de Saône-et-Loire et du Haut-Rhin se sont battus comme des troupes aguerries. Le 45e et le 84e de ligne ont donné à leurs frères d'armes de la mobile, à plusieurs reprises, l'exemple du courage militaire. Parmi les meilleurs pointeurs, il faut classer les artilleurs de la mobile de la Haute-Garonne.

Avant de terminer cette courte brochure, l'auteur doit rendre hommage au courage intelligent dont les pompiers de la ville ont fait preuve. Ne l'oublions pas, c'est à eux que nous devons de ne pas avoir de plus grands malheurs à déplorer ; les incendies ont été rares, grâce à leur vigilance et à leur infatigable dévoument.

Quelques réflexions sur le général DOUAI

On nous a beaucoup parlé dans ces derniers temps du *brave* général Douai qui a *courageusement* battu les insurgés de Paris.

Il est malheureux que la *bravoure* de ce général ne se soit pas révélée plus tôt. M. Douai avait une excellente occasion de se distinguer au mois d'août de l'année dernière, alors qu'il commandait le 7e corps dont l'état-major était à Belfort.

Le général Douai n'a laissé en Alsace que des souvenirs pénibles et qui contrastent douloureusement avec la *gloire* dont il vient de se couvrir.

Personne n'a jamais parlé de ce fidèle serviteur de l'ex-empereur ; le moment est venu, croyons-nous, de dire deux mots sur le rôle qu'il a joué dans la guerre contre les Prussiens.

Quelques jours après la déclaration de guerre, le 7e corps s'est formé en Alsace sous le commandement du général Douai. La lenteur et les difficultés avec lesquelles ce corps s'est constitué, ont donné à la population de l'Est une haute idée des capacités militaires du commandant en chef, dont la physionomie n'avait alors rien de bien rassurant. C'était à cette époque un homme usé, qui paraissait être sous l'influence d'autres fatigues que celles qui ont courbé le comte de Moltke.

Le 7e corps était fort d'environ 30,000 hommes. Dans les derniers jours de juillet ou les premiers jours du mois d'août, l'état-major s'est transporté à Altkirch ; là le général Douai a demandé à combien de kilomètres il se trouvait du Rhin. Il s'en croyait éloigné d'une demi-lieue.

Lorsque la fameuse dépêche du préfet impérial de Colmar annonçait le passage chimérique des Prussiens sur le pont du Rhin à Chalanpé, M. Douai fit replier son armée dans le plus grand désordre. Jamais pareille retraite ne s'est vue. Nos soldats marchaient pêle-mêle sur deux routes différentes : infanterie, artillerie, cavalerie, tout était mélangé ; on eut dit que cette armée venait de Moscou et cependant pas un ennemi ne s'était montré, pas un coup de fusil n'avait été tiré !

Après avoir promené quelques jours encore sa personne chancelante à travers les rues de Belfort, Douai est allé jeter son armée dans le gouffre de Sedan. On l'a retrouvé plus tard au bras de son maître à Wilhelmshœhe.

Si cette armée de 30,000 hommes était restée en Alsace, elle aurait pu, jointe à celle de Cambriels, arrêter la marche de Werder à travers les Vosges, conserver la Haute-Alsace à la France et faire, peut-être, ce que Bourbaki n'a pas pu réaliser.

Voilà en quelques mots ce que le général Douai a fait l'année dernière.

Il est profondément douloureux qu'il ait fait preuve de défaillance et d'incapacité alors qu'il s'agissait de combattre des ennemis, tandis qu'il a montré tant de bravoure et de science militaire lorsqu'il s'est agit de battre des Français.

Il est bon de ne pas oublier que les généraux de l'Empire ont reçu leur éducation militaire sur les champs de bataille du 2 décembre.

www.ingramcontent.com/pod-product-compliance
Lightning Source LLC
LaVergne TN
LVHW020043090426
835510LV00039B/1378